Viel Erfolg!

Fotografien von
Klaus Ender

HERDER

FREIBURG · BASEL · WIEN

Auch mit einem kleinen Haken
kann man große Fische fangen.

Chinesische Weisheit

Bekommen, was man sich wünscht,
ist Erfolg.

Charles F. Kettering

Villa Glückspilz

Alles Gelingen hat sein Geheimnis,
alles Misslingen seine Gründe.

Joachim Kaiser

Glaube an alles, was du tust.
Nur dem Menschen, der an sich glaubt,
öffnen sich die Türen aller Welten.

Yesudian

Alles gelingt,
was man mit rechtem Eifer angreift.

Samuel Smiles

Das gleiche Ziel wird auf verschiedenen Wegen erreicht.

Michel de Montaigne

Zum Erfolg gibt es keinen Lift.
Man muss die Treppe benutzen.

Emil Oesch

Wer seine Träume verwirklichen will,
muss wach sein.

MICHAEL PFLEGHAR

Drei Dinge braucht man zu allem:
Kraft, Verstand und Willen.

Weisheit aus Norwegen

Niemand weiß, wie weit seine Kräfte gehen, bis er sie versucht hat.

Johann Wolfgang von Goethe

Aber Glück hat auf die Dauer doch zumeist wohl nur der Tüchtige.

HELMUTH GRAF VON MOLTKE

Was wäre das Leben, hätten wir nicht
den Mut, etwas zu riskieren.

Vincent van Gogh

Nimm alles leicht!
Das Träumen lass und Grübeln!
So bleibst du wohl
bewahrt von tausend Übeln.

LUDWIG UHLAND

Ein neuer Traum – neues Glück!

FJODOR M. DOSTOJEWSKI

Nichts ist mühsam,
was man willig tut.

Thomas Jefferson

Wo guter Wille,
kräftig durch Verstand,
und Tätigkeit,
vielfältige, zur Hand,
was könnte da
zum Unheil sich vereinen,
zur Finsternis,
wo solche Sterne scheinen?

Johann Wolfgang von Goethe

Es gibt mehr Leute, die kapitulieren, als solche, die scheitern.

Henry Ford

Nicht von der Größe einer Sache
ist dein Schicksal bedingt,
sondern von deiner Kraft,
dich über sie zu erheben.

Karl Heinrich Waggerl

Leute mit leichtem Gepäck
kommen am besten durchs Leben.

JAKOB BOẞHART

Weiß – Grafik & Buchgestaltung, Freiburg
Olivotto S.p.A., Vicenza 2006
ndlichem, chlorfrei gebleichtem Papier
109-8
-6

www.herder.de
Gesamtgestaltung: Weiß – Grafik & Buchgestaltung, Freiburg
Herstellung: L.E.G.O. Olivotto S.p.A., Vicenza 2006
Gedruckt auf umweltfreundlichem, chlorfrei gebleichtem Papier
ISBN-13: 978-3-451-29109-8
ISBN-10: 3-451-29109-6